DAS LESEVERGNÜGE

VeroNiKa
UNd die Liebe

© 2002 - **ELI** s.r.l.
P.O. Box 6 - Recanati - Italy
Tel. +39/071/75 07 01 - Fax +39/071/97 78 51 - www.elionline.com

Geschichte von: Maria Luisa Banfi
Illustriert von: Luca Poli
Ins Deutsche übersetzt von: Susanne Schiller

Gedruckt in Italien - Tecnostampa - Loreto 02.83.243.0

ISBN - **88** - **8148** - **805** - **1**

Veronika und Paul

Veronika wohnt in München und besucht ein neusprachliches Gymnasium.

Ihr gefällt es, in die Schule zu gehen und zu lernen. Ihre Lieblingsfächer sind Englisch und Deutsch. Aber wie alle anderen Jungen und Mädchen geht sie auch gerne mit ihren Freunden aus und amüsiert sich.

Veronika hat sehr viele Freunde und Freundinnen. Jeden Samstag und Sonntag Nachmittag macht sie mit ihnen Spaziergänge im Park oder in der Stadt, sie gehen ein Eis essen und schauen die Schaufenster an, aber vor allem reden sie miteinander.

Gymnasium, das: die Schule, auf der man das Abitur machen kann

Fach, das: in der Schule gibt es verschiedene Fächer, z.B. Deutsch, Biologie, Musik usw

Schaufenster, das: in den Schaufenstern sind die Dinge ausgestellt, die man kaufen kann

Die meisten Mädchen haben eine beste Freundin. Veronika dagegen hat einen besten Freund. Er heißt Paul. Er ist sechzehn Jahre alt, so wie sie. Er ist sehr groß, beinahe einen Meter neunzig und deshalb nennen ihn alle „Bohnenstange".

Paul geht nicht auf dieselbe Schule wie Veronika, er besucht das naturwissenschaftliche Gymnasium.

Dort ist die Mathematik ein besonders wichtiges Fach, und Paul mag Mathematik sehr.

die meisten: sehr viele, der größte Teil

Veronika hat Paul im Planetarium kennengelernt.
Paul geht oft ins Planetarium, denn er beobachtet gerne die Sterne.
Auch Veronika geht manchmal ins Planetarium. Sie sagt:
„Die Sterne bringen mich zum Träumen."

Planetarium, das: dort kann man den Himmel, die Sterne und den Mond beobachten

1 **Was weißt du über Paul? Kreuze die richtige Antwort an.**

1. Paul ist
   - ❑ groß
   - ❑ klein
   - ❑ normal/durchschnittlich groß

2. Paul ist
   - ❑ 18 Jahre alt
   - ❑ 12 Jahre alt
   - ❑ 16 Jahre alt

3. Paul mag
   - ❑ Mathematik
   - ❑ Englisch
   - ❑ Deutsch

4. Paul geht oft
   - ❑ ins Planetarium
   - ❑ in den Park
   - ❑ in die Stadt

2 **Setze die richtigen Verben in der richtigen Form ein.**

gehen - machen - sein - betrachten - haben - mögen

1. Veronika und ihre Freunde _ _ _ _ _ _
   Spaziergänge im Park.

2. Veronika _ _ _ einen guten Freund, er heißt Paul.

3. Paul _ _ _ sehr groß.

4. Paul _ _ _ Mathematik

5. Veronika und Paul _ _ _ _ _ ins Planetarium und
   _ _ _ _ _ _ _ _ _ _ die Sterne.

3 **Und du? Erzähle etwas über dich.**

1. Bist du groß, klein oder normal groß? ....

2. Wie alt bist du? ....

3. Wie heißt du? ....

4. Wo wohnst du? ....

5. Wie heißt deine Schule? ....

6. Welche Fächer magst du besonders? ....

4 **Vervollständige diese Liste mit den fehlenden Wochentagsnamen.**

Montag, _ _ _ _ _ _ _ _, Mittwoch, _ _ _ _ _ _ _ _ _ _,

Freitag, _ _ _ _ _ _ _, _ _ _ _ _ _ _.

5 **Schreibe Sätze mit den folgenden Verben und Adverbien:** *lernen - spazieren gehen - die Sterne beobachten - lesen - in die Schule gehen - einkaufen gehen - manchmal - oft - nie - immer*

Beispiel: *Ich beobachte oft die Sterne.*

....

....

....

....

....

An einem sonnigen Tag im April machen Veronika und Paul einen Spaziergang im Park. Sie essen ein Schokoladeneis und unterhalten sich.

„Mir gefällt Walter sehr gut…" sagt Veronika.

„Wer ist Walter?" fragt Paul.

Sie schaut ihn etwas wütend an. Sie hat ihm schon so oft von Walter erzählt! Warum erinnert er sich nie an ihn?

„Oh, Paul! Du weißt doch, wer das ist! Ich rede doch oft von ihm. Er ist der hübsche Junge… der, der mir so gut gefällt…"

„Ah…" bemerkt Paul und schaut in den Himmel.

Paul schaut oft in den Himmel. Ihm gefällt der Himmel auch dann, wenn man keine Sterne sehen kann.

schüchtern: nicht sehr mutig gegenüber anderen Menschen

Veronika fährt fort:

„Walter ist hübsch... sehr hübsch...“

„Also, warum bist du dann nicht mit ihm befreundet?“

Veronika antwortet traurig:

„Aber ich bin doch zu hässlich, Paul... findest du nicht auch, dass ich hässlich bin?“

Paul schaut sie an und denkt:

„Aber du bist doch überhaupt nicht hässlich, Veronika. Ja, du bist sogar wirklich schön...“

Aber das sagt er ihr nicht.

Paul ist schüchtern. Er kann über Mathematik, Sterne und Planeten reden, aber es ist schwierig für ihn, wenn er mit Mädchen über persönliche Dinge reden soll.

Planet, der: die Erde ist ein Planet

ÜBUNGEN

1 **Antworte auf die Fragen.**

1. Wo gehen Veronika und Paul spazieren?....................

....

2. Was essen sie? ....

3. Wer ist Walter? ....

....

4. Warum ist Veronika nicht mit Walter befreundet? ....

....

5. Was denkt Paul? ....

6. Was schaut Paul oft an? ....

....

2 **Vervollständige den Text mit den richtigen Formen des Verbs** *sein.*

1. Veronika sagt: „...................... hässlich." Aber Paul denkt:

„Du .... nicht hässlich, Veronika,

ja du .... sogar sehr schön."

2. Walter .... ein hübscher Junge.

3. Für Paul .... es schwierig, über persönliche

Dinge zu sprechen.

4. Die Sterne .... für Paul sehr wichtig.

ÜBUNGEN

3 **Welches Wort passt nicht?**
Beispiel: *Veronika - Paul - ~~Alexandra~~ - Walter*

1. Sonne - Stern - Eis - Planet
2. gefallen - spazieren gehen - betrachten - Schokolade
3. schön - Park - hässlich - groß
4. traurig - schüchtern - wütend - sprechen
5. Himmel - sehen - betrachten - denken

4 **Ordne die Worte den Figuren zu.**

1. ◯ Park
2. ◯ Baum
3. ◯ Eis
4. ◯ Sonne
5. ◯ Himmel
6. ◯ Junge
7. ◯ Mädchen

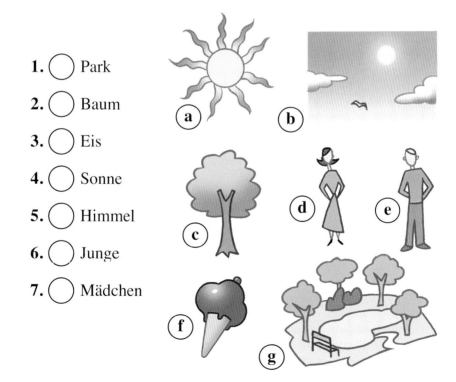

Sie gehen weiter. Paul beginnt von einem Buch zu erzählen,
natürlich handelt es sich um ein Buch über Sterne!
Es ist immer interessant, Paul zuzuhören, wenn er über Sterne
spricht. Die Sterne sind für ihn lebendig, entfernte und
wunderschöne Lebewesen...
Aber heute wirft ihm das Veronika vor.
„Du denkst immer nur an deine Sterne", sagt sie wütend zu ihm.
„Das stimmt nicht", antwortet Paul. Und er flüstert:
„Ich denke auch an dich, Veronika..." Aber Veronika hört das nicht
und fährt fort:
„Deshalb hast du nicht viele Freunde..."
Paul antwortet nicht.
Es stimmt, dass Paul
nicht viele
Freunde hat.
Er spricht
nicht viel,
geht selten aus.
Falls er es doch
tut, geht er ins
Planetarium oder
trifft sich mit
Veronika.
Aber er ist zufrieden!

vorwerfen: zeigen, dass man mit etwas nicht
zufrieden ist
flüstern: sehr leise sprechen

Veronika redet weiter: „Du sprichst nie mit anderen…"

„Das stimmt nicht… Im Planetarium spreche ich mit vielen Leuten…"

Veronika lacht: „Das sind doch alles Erwachsene… alte Leute…"

„Das stimmt nicht!" ruft Paul. „Meine Freundin Claudia ist erst 23 Jahre alt…"

„Deine Freundin geht schon auf die Universität!" schreit Veronika.

„Ja und…?" fragt Paul. Aber Veronika antwortet nicht. Sie ist sprachlos. Sie sieht einen Jungen auf der anderen Seite der Straße. Das ist er, Walter. Er ist groß und hat schwarze Haare.

Paul denkt: „Oh nein, da ist er ja!"

Veronika beginnt sich mit Walter zu unterhalten. Paul steht daneben, er ist traurig und sagt überhaupt nichts. Für Veronika existiert im Moment nur noch Walter. Walter redet und redet… er ist nett und fröhlich. Paul verabschiedet sich und geht, aber Veronika bemerkt es überhaupt nicht. Paul kehrt traurig nach Hause zurück.

sprachlos: sehr überrascht und fasziniert

ÜBUNGEN

1 **Lies die Sätze und entscheide, ob sie richtig oder falsch sind.**

	R	F
1. Paul denkt oft an Veronika.	❑	❑
2. Veronika spricht oft über die Sterne.	❑	❑
3. Paul hat viele Freunde.	❑	❑
4. Claudia ist genauso alt wie Paul.	❑	❑
5. Paul und Veronika treffen Walter auf der Straße.	❑	❑

Korrigiere jetzt die falschen Sätze.

....

....

....

2 **Setze die richtigen Endungen** -e, -in, -en, -isch, -ich.

1. Paul hat nicht viel...... Freund...... .
2. Paul liest Bücher über die Stern...... .
3. Paul hat eine ältere Freund...... .
4. Im Planetarium spricht Paul mit viel...... Leut...... .
5. Walter ist sympat...... und fröhl...... .
6. Walter hat schwarz...... Haar...... .

3 **Nenne das Gegenteil.**

Beispiel: *klein - groß*

1. fröhlich ....
2. nie ....
3. schön ....
4. viel ....
5. alt ....

4 **Ergänze mit den Pronomen** *ihn, ihnen, ihm, sie, er.*

1. Paul spricht mit Veronika, aber sie hört .... nicht.
2. Paul steht bei .... und sagt nichts.
3. Veronika antwortet ...., dass Claudia auf die Uni geht.
4. Paul hört Veronika zu und betrachtet ....
5. Veronika sagt, dass Paul nicht viele Freunde hat und wirft .... das vor.
6. Paul denkt: „Oh nein, da ist........ ja!"

Es ist Sonntag Nachmittag.

Veronika ist zu Hause, weil ihre Schwester Geburtstag hat.

Ihre Schwester heißt Clara und wird zwölf.

Sie geben ein Geburtstagsfest und die Großeltern und die Onkel und Tanten kommen.

Paul geht ins Planetarium.

Im Planetarium trifft er Claudia.

„Hey, du bist heute alleine da? Wo ist denn Frank?" fragt Paul.

Frank ist der Freund von Claudia.

„Frank ist mit Freunden zusammen."

„Aber heute ist doch Sonntag? Geht ihr nicht zusammen aus?"

Claudia lacht:

„Sicher, heute Abend. Frank arbeitet sehr viel… und sonntags geht er gerne mit Freunden ins Stadion!"

Stadion, das: großer Platz, wo Sportveranstaltungen stattfinden, z.B. Fußballspiele

Claudia studiert Astronomie an der Universität. Auch ihr gefallen die Sterne.

Nach der Vorstellung gehen Paul und Claudia in ein Café und trinken einen Tee.

„Ich sehe Veronika gar nicht mehr", sagt Claudia. „Bist du noch mit ihr befreundet?"

„Ja, das schon", antwortet Paul.

„Ist sie deine richtige Freundin?"

„Nein… nein…" sagt Paul und wird rot.

„Aber sie gefällt dir doch?" fragt Claudia.

„Ja, sehr sogar", antwortet er.

„Und warum sagst du ihr das nicht?"

„Weil ihr ein anderer gefällt! Er heißt Walter. Er ist ein sehr hübscher und netter Junge, er gefällt allen Mädchen…"

Veranstaltung, die: ein kulturelles oder künstlerisches Ereignis

rot werden: sein Gesicht wird rot, weil er schüchtern ist

ÜBUNGEN

1 **Ergänze den Text.**

Die Schwester von Veronika hat ....
Sie bleibt ...., weil es ein Fest gibt.
Paul geht ins .... und trifft dort
Claudia. Mit ihr .... er in ein Café und
spricht über .... und Walter.

2 **Wähle die richtigen Alternative aus und schreibe den Satz.**

1. Frank geht in den Park   ins Stadion .

   ....

2. Veronika ist zu Hause   in der Stadt .

   ....

3. Paul geht in die Pizzeria   ins Planetarium .

   ....

4. Walter gefällt den Mädchen   gefällt den Mädchen nicht .

   ....

5. Paul spricht mit Claudia auf der Straße   in einem Café .

   ....

ÜBUNGEN

3 **Lies die Sätze und vervollständige den Familienstammbaum.**

Die Mutter von Veronika heißt Silvia.

Der Mann von Silvia heißt Markus.

Die Eltern von Markus heißen Heinrich und Johanna.

Der Vater und die Mutter von Silvia heißen Dieter und Liese.

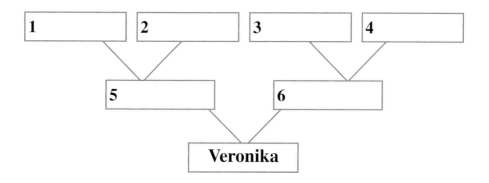

4 **Ergänze die Fragen mit:** *wie? warum? wo? was?*

1. .... fährt Paul ins Planetarium?

   Mit dem Bus.

2. .... ist Veronika? Zu Hause.

3. .... macht sie? Sie feiert mit ihrer Schwester.

4. .... ist der Freund von Claudia nicht da?

   Weil er sonntags ins Stadion geht.

Claudia schaut ihn an:

„Ja und? Auch du bist ein hübscher und interessanter Junge", sagt sie.

„Das stimmt nicht…" antwortet Paul. Tatsächlich weiß er nicht, ob er hübsch und interessant ist, weil er nie in den Spiegel schaut. Das ist ihm nicht wichtig.

„Du hast schöne blaue Augen und weißt viel", sagt Claudia.

Paul wird verlegen. Claudia versteht ihn:

„Du musst nicht verlegen werden!" sagt sie. „Ich bin doch eine Freundin und älter als du, ich kenne mich da aus!"

„Was hältst du von Veronika?" fragt Paul.

„Sie ist hübsch", antwortet Claudia. „Sie ist ein schönes Mädchen, nett… und hat wunderbare rote Haare!"

„Sie selbst sagt immer, sie sei dick und hässlich."

„So ein Blödsinn! Alle Mädchen denken, sie seien dick! Was mir an ihr nicht gefällt, ist ihre Art sich anzuziehen. Das passt nicht zu ihr."

„Wirklich? Kann man das ändern?" fragt Paul.

Claudia ist erstaunt:

„Warum fragst du?"

„Weil am Samstag Abend ein Fest bei einer Freundin von Veronika ist. Dort geht sie hin und auch Walter. Aber Veronika sagt, dass sie dick und hässlich sei, dass sie Walter nicht gefallen würde, sie ist traurig und macht sich Sorgen."

Und dann sagt er:

„Ich mag Veronika und möchte nicht, dass sie traurig ist."

Spiegel, der: er ist aus Glas und man kann sich darin sehen

verlegen: man weiß nicht, was man sagen und tun soll

„Das ist schon in Ordnung, aber Veronika könnte ja auch die Freundin von Walter werden!"

„Ja, das glaube ich auch."

„Ich verstehe", fasst Claudia zusammen. „Also machen wir es so… am Samstag nachmittag bin ich zu Hause. Komm mit Veronika einfach zu mir."

1 **Wähle die richtige Lösung aus.**

1. Claudia sagt, dass Paul
- ❏ schön ist
- ❏ klein ist
- ❏ hässlich ist

2. Paul hat
- ❏ schwarze Augen
- ❏ grüne Augen
- ❏ blaue Augen

3. Veronika hat
- ❏ rote Haare
- ❏ weiße Haare
- ❏ schwarze Haare

4. Das Fest findet
- ❏ bei einer Freundin von Veronika statt
- ❏ bei Veronika statt
- ❏ in einer Diskothek statt

2 **Finde acht weitere Adjektive in dieser Figur.**

```
P I D K N E T T L P S
Q V A I L H S E V B C
K E T R C E C H E L H
T R W P A K I O T A Ö
S L C R O T N N M U N
U E L T X P S A L T Y
B G A H Ü B S C H C K
C E S C H L P U H I Z
I N T E R E S S A N T
```

1. *dick* ....
2. ....
3. ....
4. ....
5. ....
6. ....
7. ....
8. ....
9. ....

3 **Was macht Paul jeden Tag? Schreibe die Sätze.**

Montag: *er bleibt zu Hause*

Dienstag: lernen/ Bibliothek ....

Mittwoch: lesen/ Buch über Astronomie ....

....

Donnerstag: treffen/ Veronika ....

....

Freitag: bleiben/ zu Hause ....

Samstag Abend: gehen/ Fest ....

....

Sonntag: gehen/ Planetarium ....

....

4 **Finde den Infinitiv zu den folgenden Verben.**
Beispiel:

Paul will...   *wollen*

1. Claudia sagt...   ....
2. Paul ist...   ....
3. Walter tanzt...   ....
4. Veronika und Walter gehen...   ....
5. Machen wir...!   ....

Am Samstag Nachmittag vor dem Fest gehen Veronika und Paul zu Claudia.

Claudia erwartet sie schon. Sie hat ein Kleid für Veronika. Es ist hellblau und elegant. Veronika zieht das Kleid an: Es steht ihr sehr gut! Claudia hat auch noch Schuhe für sie, mit einem hohen Absatz.

Veronika sieht sich im Spiegel an und sagt:

„Das stimmt. So sehe ich gut aus!" Und sie lacht.

„Nun, an die Arbeit!" ruft Claudia.

Veronika und Paul bleiben zwei Stunden bei ihr. Veronika bereitet sich zum Fest vor und Claudia hilft ihr dabei: Make-up und eine besondere Frisur mit den langen roten Haaren.

Am Schluss schaut Veronika nochmal in den Spiegel:

„Oh, ich sehe ja ganz anders aus!" sagt sie.

Das ist wahr: Veronika scheint ein anderes Mädchen geworden zu sein.

Absatz, der: er ist unter dem Schuh und kann niedrig oder hoch sein
Frisur, die: die Art, wie man seine Haare trägt

Als Veronika und Paul auf dem Fest ankommen, ruft Walter:
„Du bist heute Abend sehr schön, Veronika!"
Paul denkt das Gleiche, aber er versteht nun, dass Veronika
wirklich nur die Freundin von Walter werden kann. Das ist echt
blöd!
Veronika tanzt den ganzen Abend mit Walter und ist glücklich.
Auch Walter ist glücklich.
Paul dagegen ist traurig, aber gleichzeitig freut er sich für Veronika.
Er weiß, dass sie endlich glücklich und zufrieden mit sich ist.
Es ist Mitternacht. Veronika geht nach Hause.
Paul fragt:
„Soll ich dich begleiten…?"
Aber sie schaut zu Walter. Walter lächelt:
„Ich begleite sie…" sagt er.

Mitternacht, die: 24 Uhr
echt blöd: das ist wirklich schwierig und schlecht

ÜBUNGEN

1 **Beantworte die folgenden Fragen.**

1. Wann gehen Paul und Veronika zu Claudia?

....

2. Was hat Claudia für Veronika?

....

3. Was sagt Veronika, als sie in den Spiegel schaut?

....

4. Was sagt Walter, als er Veronika auf dem Fest sieht?

....

5. Wer begleitet Veronika nach Hause?

....

2 **Ordne die Farben den richtigen Bezeichungen zu:**

1. ◯ rot

2. ◯ weiß

3. ◯ schwarz

4. ◯ grün

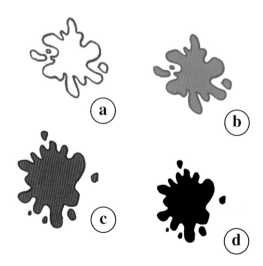

3 **Ergänze mit den Pronomen:** *ich, er, sie, du*.

Veronika und Paul gehen zu dem Fest.

.... sagt: „............... bist so ganz anders!

Wie fühlst du dich?"

Und .... antwortet:" .... fühle mich gut, aber

ich weiß nicht, ob ich Walter gefalle."

Als sie auf dem Fest ankommen, gefällt Walter die „neue"

Veronika sehr. .... mag elegante Mädchen.

Deshalb tanzt .... den ganzen Abend mit ihr.

4 **Ordne die Wörter den Zeichnungen zu.**

1. ◯ Kleid

2. ◯ Turnschuhe

3. ◯ Wollpullover

4. ◯ Bluse

5. ◯ Elegante Schuhe

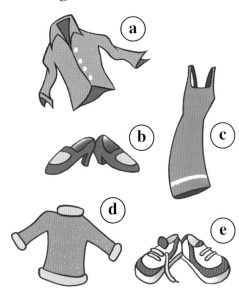

Veronika und Walter

Es ist Mai. Veronika ist die Freundin von Walter.
Mit Walter geht sie in den Park und ins Schwimmbad, mit Walter
lernt sie für die Schule, hört Musik und sieht fern.
Jetzt sieht sie Paul nur noch manchmal. Sie verbringt ihre ganze
Zeit mit Walter.
„Liebst du Walter?" fragt Paul.
„Ich weiß nicht…" antwortet sie. „Er gefällt mir; ich weiß nicht, ob
ich ihn liebe. Lieben ist ein großes Wort…"
„Ja, das stimmt… Lieben ist ein großes Wort", denkt Paul. Aber er
liebt Veronika. Da ist er sich sicher.
An diesem Abend geht Veronika mit Walter und seinen Freunden
ins Kino.
Paul geht natürlich ins Planetarium. Dort trifft er Claudia.
„Du siehst traurig aus", sagt sie.
„Ich bin traurig", gibt er zu.
„Warum?" fragt Claudia.
„Das weißt du doch…" antwortet er.
„Ist es wegen Veronika?"
„Ja…"

groß: (hier) wichtig, bedeutend
lange: für lange Zeit

„Jetzt ist sie die Freundin von Walter?"

„Ja, … sie verbringt so viel Zeit mit ihm, ich sehe sie kaum noch."

„Wie ist Walter?"

„Ihm gefallen Mädchen, große und schnelle Autos, Motorräder, Diskomusik und Videospiele…"

Claudia lächelt.

„Veronika wird nicht lange mit so jemandem zusammen sein…" sagt sie.

1 **Lies die Sätze und entscheide, ob sie richtig oder falsch sind.**

	R	F
1. Veronika sieht Walter ständig.	❏	❏
2. Paul liebt Veronika.	❏	❏
3. Paul geht mit Veronika ins Planetarium.	❏	❏
4. Paul gefallen Motorräder.	❏	❏
5. Veronika gefallen schnelle Autos.	❏	❏

2 **Was machen Veronika und Walter zusammen?**

1. .... fern.

2. .... Musik.

3. .... für die Schule.

4. .... in den Park und ins Schwimmbad.

3 **Die Monatsnamen. Welche Monate fehlen?**

Januar

Februar

_ _ _ _

April

Mai

_ _ _ _

Juli

_ _ _ _ _ _

September

_ _ _ _ _ _ _

_ _ _ _ _ _ _ _

Dezember

4 **Ergänze mit den Präpositionen** *für, mit, an, in, ins*.

1. Veronika und Walter lernen zusammen .... die Schule.

2. Veronika sieht Walter .... einer Viertelstunde.

3. Sie verbringt ihre ganze Zeit .... Walter.

4. Sie geht mit ihm und seinen Freunden .... Kino.

5. Sie denkt immer .... ihn.

Veronika denkt im gleichen Moment dasselbe! Sie ist mit Walter und seinen Freunden im Kino. Der Film gefällt ihr nicht. Es ist ein Film über schnelle Motorräder. Walter mag sowas.
Walter mag überhaupt viele Dinge, die *sie* überhaupt nicht mag.
Veronika schaut den Film nicht an. Sie denkt:
„Was haben wir denn gemeinsam? Uns gefallen so unterschiedliche Dinge…"
Veronika gefallen Bücher, Musicals, Jazzmusik; ihr gefallen Blumen und die Natur und… die Sterne.
Um neun Uhr abends kommen sie aus dem Kino.
Veronika schaut zum Himmel hoch.
„Heute abend sieht man so viele Sterne…", sagt sie.
Walter antwortet nicht. Er geht auf sein Motorrad zu: Es ist neu und sehr schnell.
„Ach je, die Sterne! Was soll denn das?" sagt er. „Du redest ja schon wie Paul."

Und dann fragt er:

„Willst du mein neues Motorrad ausprobieren? Kommst du mit?"

Veronika antwortet nicht. Sie schaut immer noch in den Himmel. Sie denkt an Paul.

Walter fragt noch einmal:

„Was ist nun? An was denkst du denn?"

„An nichts...", antwortet Veronika.

„Das stimmt doch nicht", behauptet Walter.

Veronika antwortet nicht.

Walter nimmt ihre Hände und schaut ihr in die Augen.

„Du fühlst dich nicht wohl mit mir", sagt er.

Auch Veronika schaut ihm in die Augen und antwortet:

„Das stimmt, Walter. Du gefällst mir sehr, aber... wir haben nichts gemeinsam."

gemeinsam: etwas, das beide teilen und das jeder von ihnen hat

1 **Veronika kommt aus dem Kino und schreibt Paul einen Brief. Ergänze mit den Verben** *sein, lieben, haben, fühlen.*

Lieber Paul,

ich bin mit Walter im Kino. Ich habe verstanden:

Ich .... mich nicht wohl mit ihm.

Ich .... nichts mit ihm gemeinsam.

Wir .... zu verschieden.

Ich .... die gleichen Dinge wie du.

2 **Setze den richtigen Artikel** *ein der, die, das.*

1. .... Film

2. .... Motorrad

3. .... Himmel

4. .... Sterne

5. .... Bücher

6. .... Hand

ÜBUNGEN

3 **Was gefällt Walter und was gefällt Veronika?**

die Sterne, die Motorräder, die Bücher, die schnellen
Autos, die Jazzmusik, die Diskomusik, die Videospiele,
die Blumen

	Walter	Veronika
gefällt	....	....
	....	....
gefallen	....	....
	....	....
	....	....

Und was gefällt dir?

....

....

4 **Wie sind die richtigen Antworten?**

1. Gehen wir einen Tee trinken?   **a.** Guten Tag!

2. Kommst du mit ins Kino?   **b.** Ja, gerne.

3. Sollen wir ins Planetarium gehen?   **c.** Ja, mir gefallen die Sterne…

4. Guten Tag!   **d.** Wann beginnt der Film?

Walter ist traurig und überrascht.

Er liebt Veronika! Veronika ist anders als die anderen Mädchen: Sie spricht über viele Dinge und denkt nach… aber sie liebt ihn nicht. Er will sie jedoch nicht verlieren!

„Veronika, komm mit! Nur heute Abend. Wir gehen an einen schönen, ruhigen Ort und reden miteinander."

Veronika nimmt den Vorschlag an.

Das Motorrad fährt schnell, zu schnell.

Paul kommt um Mitternacht nach Hause zurück. Seine Mutter erwartet ihn schon:

„Paul", sagt sie, „deine Freundin Veronika ist im Krankenhaus."

„Im Krankenhaus?!" schreit Paul.

„Ja, im Katharinenhospital."

„Was ist denn passiert?"

„Ein Unfall", antwortet seine Mutter.

Paul verlässt sofort das Haus und ist in zehn Minuten im Krankenhaus.

Veronika liegt im Bett, in einem Zimmer mit großen Fenstern. Sie hat die Augen geschlossen und scheint zu schlafen. Walter, der leicht verletzt ist, sitzt an ihrem Bett.

„Wie geht es ihr?" fragt Paul.

„Ganz gut", antwortet Walter.

„Der Arzt sagt, dass sie morgen oder übermorgen nach Hause darf." Dann flüstert er: „Es tut mir leid… ich gehe jetzt…"

Paul schaut ihn erstaunt an. Und Walter fügt hinzu: „*Du* musst bei ihr bleiben, nicht ich."

Er steht auf und geht.

Paul geht zum Bett und nimmt die Hand von Veronika.

„Ich liebe dich", flüstert er und gibt ihr einen Kuss.

Veronika öffnet die Augen, schaut Paul an und lächelt.

Jetzt geht es ihr gut.

ÜBUNGEN

1 **Wähle die richtige Antwort aus.**

1. Walter und Veronika haben einen Unfall, weil
- ❏ das Motorrad zu schnell fährt.
- ❏ Veronika zu schnell fährt.
- ❏ Walter traurig ist.

2. Veronika
- ❏ geht es schlecht.
- ❏ geht es nicht schlecht.
- ❏ geht es sehr gut.

3. Walter
- ❏ geht mit Veronika nach Hause zurück.
- ❏ ist glücklich.
- ❏ lässt Paul bei Veronika.

4. Paul
- ❏ begrüßt Veronika.
- ❏ küsst Veronika.
- ❏ lässt Veronika alleine.

2 Bring die Buchstaben in die richtige Reihen folge.

1. T E B T ....

2. S E T N E R F ....

3. H E K N A N K U S R A ....

4. R E M I M Z ....

5. N H D A ....

3 An welches Märchen erinnert dich der Kuss, den Paul Veronika gibt?

❏ Rotkäppchen

❏ Dornröschen

❏ Die drei kleinen Schweinchen

❏ Aschenputtel

4 Versuche nun, das Ende des Märchen zu erzählen.

....

....

Drei Jahre später

Veronika und Paul sind auf der Universität. Paul studiert natürlich Astronomie. Veronika studiert Fremdsprachen und Literatur.

Mittlerweile sind Frank und Claudia verheiratet. Claudia arbeitet in einem großen Forschungszentrum in Amerika. Auch Frank arbeitet in Amerika.

Claudia schreibt eine Karte an Paul und Veronika:

Hallo ihr Lieben!
Frank und mir geht es gut.
Uns gefällt das Leben in
Amerika. Wir haben hier
viele Freunde gefunden.
Zu Weihnachten komme ich
nach Deutschland, dann
können wir uns sehen!

Claudia

Paul König

Innsbrucker Ring 24

81671 München

Walter arbeitet in einer Diskothek. Er hat eine neue Freundin, die Musik, Motorräder und Videospiele mag…
Aber er und Veronika sind Freunde geblieben.

Veronika und Paul sind glücklich.

Sie haben eine große Zukunft vor sich, mit einer großen Liebe und… vielen Sternen.

ÜBUNGEN

1 Was machen Veronika, Paul, Claudia und Walter jetzt?

Beispiel:

Veronika und Paul sind auf der Universität.

1. Veronika ....

2. Paul ....

3. Claudia ....

4. Walter ....

2 Bringe die Sätzen in die richtige Reihenfolge.

❏ Veronika ist jetzt die Freundin von Walter.

❏ Walter und Veronika haben einen Unfall.

❏ Paul liebt Veronika, aber Veronika mag Walter.

❏ Im Kino versteht Veronika, dass sie nicht zu Walter passt.

❏ Veronika geht zu dem Fest.

❏ Paul küsst Veronika.

[1] Veronika hat einen guten Freund: Er heißt Paul.

❏ Claudia schminkt Veronika und gibt ihr ein Kleid für
das Fest.

3 Erzähle kurz die Geschichte von Veronika.

....

....

....

....

....

....

4 Hast du einen guten Freund oder eine gute Freundin?
Erzähle von ihm/ihr.

....

....

....

....

....

....

....

das Gymnasium

der Park

das Planetarium

der Stern

der Himmel

der Planet

BILDWÖRTERBUCH

das Buch

das Geburtstagsfest

das Stadion

die Vorstellung

der Spiegel

das Kleid

die Schuhe

der Absatz

das Make-up

die Frisur

das Schwimmbad

das Motorrad

das Auto

das Videospiel

die Blume

das Krankenhaus

der Unfall

das Bett

ANMERKUNGEN